MW01715649

NON NOBIS SOLUM
LOWER CANADA COLLEGE

Crabtree Memorial Library
and
Florence Schiff Library

4090 Royal Avenue
Montréal, Quebec
H4A 2M5

Tél.: (514) 482-9916

DISCARDED

Babar
05/03
$12.95

759.061
BOL

DÉCOUVRONS L'ART

LE CUBISME

Linda Bolton

GAMMA • ÉCOLE ACTIVE

LOWER CANADA COLLEGE

© Belitha Press Limited 2000
titre original : *Cubism*.
© Éditions Gamma, 60120 Bonneuil-les-Eaux, 2000,
pour l'édition française.
Traduit par Xavier Chard-Hutchinson.
Dépôt légal : Mai 2000. Bibliothèque nationale.
ISBN 2-7130-1887-0.

Exclusivité au Canada :
Éditions École Active
2244, rue de Rouen, Montréal, Qué. H2K 1L5.
Dépôts légaux : 2e trimestre 2000.
Bibliothèque nationale du Québec,
Bibliothèque nationale du Canada.
ISBN 2-89069-612-X.

Loi n° 49-956 du 16 juillet 1949
sur les publications destinées à la jeunesse.

Imprimé en Chine.

Crédits photographiques :

Première de couverture : Jean Metzinger, Le Chat, c.1915. Collection privée. Photo Bridgeman Art Library. © DACS, London. 1: Albert Gleizes, Les Clowns, 1917. Collection privée. Photo Giraudon/ Bridgeman Art Library. © DACS, London. 4: Paul Cézanne, Le Lac d'Annecy, 1896. The Courtauld Institute Galleries, London. Photo Bridgeman Art Library. 5: Fernand Léger, Éléments mécaniques, 1918-23, Kunstmuseum, Basle. Photo Peter Willi/Bridgeman Art Library. © DACS, London. 6: Eadweard Muybridge, La course d'un athlète. Photographed synchronously from two points of view, 1887. Photo AKG London. 7t: Masque Kouba de l'ancien royaume du Congo central. The British Museum, London. Photo Bridgeman Art Library. 7b: Pablo Picasso, Les Demoiselles d'Avignon, 1907. The Museum of Modern Art, New York. Acquired through the Lillie P. Bliss Bequest. Photo © 1999 The Museum of Modern Art, New York. © Succession Picasso, Paris/DACS, London. 8: Pablo Picasso, L'Usine à Horta de Ebro, 1909. Hermitage, St. Petersburg. Photo Bridgeman Art Library. © Succession Picasso, Paris/DACS London. 9t: Pablo Picasso, Ma Jolie, 1911-12. The Museum of Modern Art, New York. Acquired through the Lillie P. Bliss Bequest, Photo © The Museum of Modern Art, New York. © Succession Picasso, Paris/DACS, London. 9b: Pablo Picasso, Arlequin, 1915. The Museum of Modern Art, New York. Acquired through the Lillie P. Bliss Bequest. Photo © The Museum of Modern Art, New York. © Succession Picasso, Paris/DACS, London. 10: Georges Braque, Viaduc à l'Estaque, 1908. Musée National d'Art Moderne, Paris. Photo Peter Willi/Bridgeman Art Library. © DACS, London. 11t: Georges Braque, Le Sacré-Cœur 1910. Donation Geneviève and Jean Masurel, 1979, Musée d'Art Moderne de Lille Métropole, Villeneuve d'Ascq. Photograph Muriel Anssens. © DACS, London. 11b: Georges Braque, Broc et Violon, 1910. Offentliche Kunstsammlung, Basle. Photo Peter Willi/Bridgeman Art Library. © DACS, London. 12: Fernand Léger, La Partie de cartes, 1917. Kroller-Müller Museum, Otterlo. © DACS, London. 13t: Fernand Léger, La Ville, (1st stage), 1919. Galerie Daniel Malingue, Paris. Photo Bridgeman Art Library. © DACS, London. 13b: Fernand Léger, Le Remorqueur, 1920. Musée de Grenoble. Photo Peter/Willi/Bridgeman Art Library. © DACS, London. 14: Juan Gris, Hommage à Picasso, 1912. Art Institute of Chicago. Photo Lauros-Giraudon/Superstock. 15t: Juan Gris, Nature morte (Fantômas), 1915. Chester Dale Fund, National Gallery of Art, Washington DC. 15b: Juan Gris, Paysage à Céret, 1913. Moderna Museet, Stockholm. 16: Robert Delaunay, La Tour Eiffel, 1910-11. Kunstmuseum, Basle. Photo AKG London. © L & M Services, Amsterdam. 17t: Robert Delaunay, Hommage à Blériot, 1914. Kunstmuseum, Basle. Photo Hans Hinz-Artothek. © L & M Services, Amsterdam. 17b: Robert Delaunay, Étude de fenêtres sur la ville, 1912. Musée National d'Art Moderne, Paris. Photo Peter Willi-Artothek. © L & M Services, Amsterdam. 18: Albert Gleizes, Paysage avec personnage, 1911. Musée National d'Art Moderne, Paris. Photo Peter Willi/Bridgeman Art Library. © DACS, London. 19t: Albert Gleizes, Les Ponts de Paris, 1912. Museum Moderne Kunst, Stiftung Ludwig, Vienna. © DACS, London. 9b: Albert Gleizes, Les Clowns, 1917. Private Collection. Photo Giraudon/Bridgeman Art Library. © DACS, London. 20: Jean Metzinger, Le Chat, c.1915. Private Collection. Photo Bridgeman Art Library. © DACS, London. 21t: Jean Metzinger, Le Goûter, 1911. Philadelphia Museum of Art. Photo Graydon Wood. © DACS, London. 21b: Jean Metzinger, La tricoteuse, 1919. Musée National d'Art Moderne, Paris. Photo Peter Willi/Bridgeman Art Library. © DACS, London. 22: Roger de la Fresnaye, Le Cuirassier, 1910-11. Musée National d'Art Moderne, Paris. 23: Roger de la Fresnaye, La Conquête de l'air, 1913. The Museum of Modern Art, New York. Mrs Simon Guggenheim Fund. Photo © 1999 The Museum of Modern Art, New York. 24: Marcel Duchamp, Nu descendant un escalier, N° 2, 1912. Philadelphia Museum of Art. Photo AKG London. © DACS, London. 25: Marcel Duchamp, Joueurs d'échecs, 1911. Philadelphia Museum of Art, Louise & Walter Arensberg Collection. Photo Bridgeman Art Library. © DACS, London. 26: Jacques Villon, Jeune femme, 1912. Philadelphia Museum of Art, Louise & Walter Arensberg Collection. © DACS, London. 27: Jacques Villon, Une femme, 1913. Private Collection. Photo Bridgeman Art Library. © DACS, London. 28t: Gino Severini, La Danseuse bleue, 1912. Mattioli Collection, Milan. Photo Bridgeman Art Library. © DACS, London. 28b: Natalia Gontcharova, Le Cycliste, 1913. The Hermitage, St. Petersburg. Photo Bridgeman Art Library. 29t: Umberto Boccioni, Formes uniques dans la continuité de l'espace, 1913. Mattioli Collection, Milan. Photo Bridgeman Art Library. 29b: Kasimir Malevich, L'Aviateur, 1914. The Hermitage, St Petersburg. Photo Bridgeman Art Library.

Sommaire

LE MYSTÈRE CUBISTE

Peindrais-tu un visage avec plusieurs nez, ou une danseuse avec une dizaine de jambes ? Peux-tu peindre un paysage avec seulement des cônes, des cubes et des sphères ? Les cubistes l'ont fait ! Ils ont représenté le monde sous forme de puzzle géométrique. Qu'est-ce qui est à l'origine de cette déconcertante révolution artistique ?

Il est facile de deviner d'où vient le nom de ce mouvement : les peintures des cubistes abondent de figures géométriques ! C'est le peintre français, Paul Cézanne, qui a donné l'impulsion du mouvement. « La nature est faite de cônes, de cylindres et de sphères », dit-il. Les cubistes se sont inspirés des remarques de Cézanne. Leurs tableaux ont d'abord fait scandale chez les critiques, qui les trouvaient irréalistes et sans lien avec la tradition.

Les cubistes ont jeté un regard neuf sur le monde qui les entourait. Ils ont remarqué combien un sujet nous paraît différent selon l'angle de vue d'où on le regarde. Pourquoi ne pas montrer ce sujet sous tous les angles à la fois ? En juxtaposant, sur une même toile, les différentes perspectives d'un même sujet, les cubistes ont découvert une nouvelle manière de capter le relief du monde sur une surface plane.

À cause de ces angles de vue multiples, les sujets semblent avoir été brisés en morceaux que le peintre aurait ensuite rassemblés. Cet effet d'explosion reflète l'énergie du monde en évolution permanente dans lequel ont vécu les cubistes. Beaucoup d'artistes se sont alors tournés vers des sujets modernes de la vie.

PAUL CÉZANNE
Le Lac d'Annecy

1896, huile sur toile

Pas de cônes, ni de cercles ni de sphères dans ce paysage tranquille. Dans ce tableau, Cézanne a privilégié l'harmonie de la composition. Il a isolé chaque couleur dans des blocs, en alternant les sombres et les claires. Il a simplifié la nature, créant une atmosphère calme.

FERNAND LÉGER
Éléments mécaniques

1918 – 23, huile sur toile

Les cubistes avaient une admiration pour la composition des œuvres de Cézanne. Léger a dit : « Cézanne m'a appris à aimer les formes et les volumes, il m'a fait me concentrer sur le dessin ». Ici, Léger a exagéré les formes subtiles des tableaux de Cézanne, pour créer une image qui ressemble à une machine.

À la fin du XIXe siècle, Paris était la capitale du monde de l'art. C'est dans ce foyer d'artistes que travaillaient les cubistes. Ils ont beaucoup appris dans les grandes expositions qu'abritait la ville, notamment la rétrospective des œuvres de Cézanne en 1907. Ils ont commencé à exposer leurs propres œuvres peu après.
Les cubistes s'intéressaient aussi aux progrès scientifiques, en particulier à la photographie inventée à la fin des années 1830. Les peintres ne devaient plus immortaliser les événements ou les personnes, c'était désormais le travail des photographes. Les photos pouvaient aussi décomposer le mouvement, ce qui passionnait les cubistes. Ils essayèrent de créer une impression de mouvement dans leurs toiles.

EADWEARD MUYBRIDGE
La Course d'un athlète

1887, chronophotographie

Voici une série de clichés du photographe américain Eadweard Muybridge. Il a réalisé des photographies successives pour décomposer le mouvement.
Les artistes pouvaient, grâce à ces photographies, étudier des formes en mouvement sous différents angles.

MASQUE KOUBA
de l'ancien royaume du Congo central vers 1900, bois peint

Les peintres cubistes ont subi l'influence de l'art africain. Ils trouvaient que ce style spontané était plus fort que celui de la plupart des œuvres occidentales. Picasso était collectionneur de masques africains comme celui-ci. Il aimait leurs formes pures et leur énergie. Il y voyait une beauté différente qu'il a essayé de recréer dans ses œuvres.

PABLO PICASSO
Les Demoiselles d'Avignon

1907, huile sur toile

Ce tableau est souvent considéré comme le point de départ du cubisme, voire de l'art moderne. Les visages des deux femmes sur la droite montrent combien la peinture de Picasso a été influencée par l'art africain. Les personnages ont l'air étranges, car déformés. Picasso ne voulait pas donner une image réaliste, comme le fait une photographie, mais il inaugurait un art d'un genre nouveau pour des temps modernes.

PABLO PICASSO 1881 – 1973

« Je peins comme je pense, pas comme je vois »

Pablo Picasso est sûrement l'artiste le plus célèbre du XXe siècle. Né en Espagne, il a commencé très jeune sa formation d'artiste sous la direction de son père, professeur dans une école d'art. Il dessine et peint brillamment dès son enfance. À 19 ans, Picasso s'installe à Paris où il s'essaie à plusieurs styles. Il se passionne pour l'art africain, les peintres primitifs espagnols et les tableaux de Paul Cézanne. Tout cela l'amène à ouvrir la voie du cubisme, et à révolutionner l'art.

Pendant son séjour à Paris, Picasso est souvent retourné en Espagne. Il aime en retrouver la chaleur et les couleurs. Il a peint cette usine lors d'un séjour d'été, en 1909. Les immeubles, les palmiers et les nuages sont réduits à des figures géométriques. Picasso fait ressortir les formes cubiques en opposant le gris et l'orange. La toile présente de multiples facettes, comme une pierre précieuse.

L'Usine à Horta de Ebro

1909, huile sur toile

Ma Jolie

1911, huile sur toile

Voici le portrait d'Éva, une femme dont Picasso était tombé amoureux. *Ma Jolie* est aussi le titre d'une chanson populaire de la même année. Des clefs musicales et d'autres figures comme des fragments de guitare, évoquent la musique. Peut-être Picasso a-t-il d'abord voulu nous faire penser à la chanson, plutôt que de peindre d'emblée un portrait reconnaissable par tous. Il est difficile de distinguer un objet dans ce tableau. Tout y est en morceaux.

PORTRAITS CUBISTES

Pourquoi ne pas faire le portrait cubiste de quelqu'un de ta connaissance ? Prends des photos sous plusieurs angles, de face et de profil. Découpe les photos en morceaux. Colle-les ensemble sur une feuille, en les disposant comme tu veux.

Arlequin

1915, huile sur toile

Picasso a dit que c'était la meilleure œuvre qu'il ait jamais réalisée. Elle est très différente de ses premières peintures. Tout est simplifié et ressemble à des formes planes découpées. Le corps de l'arlequin est composé de motifs en losange. Sa tête et son cou ont la forme d'une quille, avec un cercle pour œil unique. Au second plan, les formes sont encore plus simples. Picasso n'a représenté que les détails qu'il voulait nous montrer. Le tableau ressemble plus à un patchwork qu'à un personnage.

GEORGES BRAQUE 1882 – 1963

« Picasso et moi étions comme deux alpinistes encordés ensemble »

Georges Braque a d'abord été décorateur pour le cinéma dans l'entreprise familiale. Son intérêt pour les beaux-arts le fait s'installer ensuite à Paris où il s'associe à Picasso dans une recherche commune. La fusion entre les deux artistes est si forte qu'il est difficile de différencier leur travail de cette époque. En 1912, Braque est le premier artiste moderne à pratiquer le collage, bientôt suivi par Picasso. Mais en 1914, Braque part pour le front. À son retour, il ne peindra plus de la même manière. La guerre marqua un tournant pour tout le mouvement cubiste.

Viaduc à L'Estaque

1908, huile sur toile

Braque a peint ce tableau pendant l'été 1907. Son style ressemble à celui du Picasso de *L'Usine à Horta de Ebro.* Le peintre Henri Matisse a dit que ce tableau était entièrement composé de petits cubes. Le paysage n'est pas réaliste comme sur une carte postale, mais fragmenté en formes géométriques. Il est évident que Braque a été influencé par Cézanne qui a aussi vécu et peint dans cette partie du sud de la France.

Le Sacré-cœur

1910, huile sur toile

Le Sacré-Cœur est une église célèbre de Paris. En haut de la butte Montmartre, elle domine la ville. On reconnaît ici les dômes de l'église en haut de la toile. Le bâtiment est découpé en figures géométriques disjointes. Les plaques du ciel gris métallique paraissent aussi dures que l'acier. La tristesse des gris et des bruns qu'utilise Braque montre son intérêt pour la forme au détriment de la couleur.

CHANGER LA VUE

Les paysages de Braque ont été les premiers appelés cubistes. Choisis un paysage délimité par une fenêtre. Fais un dessin cubiste en ne représentant ce que tu vois qu'avec des figures géométriques.

Broc et Violon

1910, huile sur toile

Braque et Picasso ont peint de nombreuses natures mortes où figurent des instruments de musique et de la vaisselle. Ici, le corps et les cordes du violon se détachent clairement. Mais le violon paraît cassé et mal réparé, comme tout ce qui l'entoure. Le pichet se fond dans le décor comme si celui-ci était aussi important que l'objet lui-même. De nouveau, Braque limite l'emploi des couleurs au profit des formes anguleuses.

FERNAND LÉGER 1881 – 1955

« L'artiste de l'âge de la machine »

Fernand Léger a reçu une formation d'architecte. Il aimait l'agitation des villes et les surfaces rutilantes des pièces de machines. Il schématisait ce qu'il voyait et utilisait surtout les formes cylindriques à tel point qu'on l'a appelé « tubiste » au lieu de cubiste ! Léger s'est passionné pour l'industrie moderne. C'est pendant la Première Guerre mondiale qu'il se familiarisa avec cet univers mécanique. À sa démobilisation en 1917, il continua de peindre le monde en pleine évolution. Par la suite, Léger a confectionné des décors pour le théâtre et il réalisa même un film.

La Partie de cartes
1917, huile sur toile

Les joueurs de cartes vus par Léger ressemblent à des robots. Des doigts, des mains, des bras cubiques, cylindriques ou tronconiques s'articulent sur des corps formés de pièces métalliques. Le tableau ne semble nous montrer qu'une seule machine. Mais l'humanité n'a pas disparu : des soldats jouent aux cartes en fumant la pipe. La répétition des mêmes formes donne une impression de mouvement, de vie.

La Ville

1919, huile sur toile

Voici une vue imaginaire de l'activité urbaine. Léger a peint des éléments du monde moderne d'une façon moderne. On distingue la structure métallique d'un pylône en haut à droite, un bâtiment d'usine en bas à gauche. Des nuages de fumée, comme des bulles transparentes, s'échappent d'une cheminée blanche au centre. La forme bleue qui borde le côté gauche est l'arête d'un immeuble. C'est le spectacle qui s'offrirait à nous depuis le toit d'un autre immeuble.

UN IDEAL MODERNE

Léger nous montre grâce à l'art ce qu'est un paradis mécanique. Que préfères-tu dans le monde où tu vis ? Peins l'endroit que tu admires le plus.

Le Remorqueur

1920, huile sur toile

Il est difficile de distinguer les bateaux peints par Léger. Ce qui attire notre attention, ce sont trois personnages, un chien et une échelle. Tout autour, des formes géométriques figurent les bateaux : des rectangles pour les cheminées, des cercles pour les hublots. Léger n'a pas peint des remorqueurs dans un port, mais une collection de figures symbolisant les bateaux et les quais.

JUAN GRIS 1887 – 1927

« J'essaie de transformer l'abstraction en réalité »

Comme Picasso, Juan Gris est né en Espagne. Il a débuté à Madrid en illustrant des magazines, avant de s'installer à Paris où il poursuivit sa carrière de dessinateur satirique. Après les expositions de Picasso et de Braque, il se met à la peinture, et adopte le style cubiste. Gris était curieux des sciences et des techniques. Cet intérêt est sensible dans la composition étudiée de ses œuvres. Il a construit ses tableaux en partant de figures abstraites et a souvent utilisé le collage pour la finition. Ses œuvres ont eu une grande influence sur le mouvement cubiste.

Hommage à Picasso

1912, huile sur toile

Gris habitait non loin de chez Picasso à Paris, lorsqu'il a peint ce tableau. À travers l'enchevêtrement de formes géométriques, on devine un personnage assis. Impossible de reconnaître Picasso. Mais n'est-ce pas une palette de peintre qu'il tient à la main ? Le tableau est constitué de pièces dont les facettes sont éclairées chacune séparément. On croirait une photo prise d'une main qui tremble. Cela donne une impression de mouvement.

Nature morte (Fantômas) 1915, huile sur toile

Il est facile d'identifier les objets de ce tableau, mais difficile de retrouver la signification de l'ensemble. On identifie le roman Fantômas, une pipe, un journal, le dessus de la table et les dalles du sol. Mais chaque objet paraît détaché des autres, presque irréel. Certaines parties sont invisibles. As-tu remarqué qu'un verre de vin, des fruits et un pied de table sont tracés au trait blanc par-dessus le journal et le plateau de la table ?

NATURE MORTE

Tu peux faire une nature morte comme la précédente en te servant du collage. Dispose sur une table des objets qui t'intéressent. Découpe les images de ces objets dans des journaux ou des catalogues et dispose-les sur une feuille comme si tu regardais la table d'en-haut, à la verticale.

Paysage à Céret

1913, huile sur toile

Voici un paysage lumineux, mais disloqué. On a l'impression que des photos ont été découpées, puis mal recollées. Gris a rassemblé sur un seul plan différents angles de vue du même paysage. Il nous montre les toits de tuiles vus d'en haut, les murs et les arbres vus de côté. Les couleurs intenses suggèrent la chaleur du soleil. Tout est simplifié et morcelé. C'est comme un souvenir de ce lieu.

ROBERT DELAUNAY 1885 – 1941

« Je voulais juxtaposer plusieurs côtés »

Robert Delaunay est né à Paris. Il est décorateur de formation, avant de se lancer dans la peinture. Delaunay était fasciné par la vie, colorée et trépidante, des villes modernes. Il préférait montrer cette énergie que l'apparence des rues.

Delaunay se sert surtout de la couleur, de la lumière, du rythme et du mouvement. Il voulait peindre de la musique pour les yeux. Un de ses amis, le poète Apollinaire, a parlé de cubisme orphique à propos de son style.

La Tour Eiffel

1910, huile sur toile

Delaunay a peint la Tour Eiffel près de trente fois. Le célèbre monument parisien a été construit en 1889 pour l'Exposition Universelle. Elle a d'abord représenté le triomphe de la technique, puis la modernité, et enfin la France. Delaunay était intéressé par la structure monumentale de la tour.
Il exprime dans ce tableau l'impression ressentie à sa vue. La clarté de la lumière, la vivacité des couleurs et le morcellement des formes produisent une impression enthousiaste.

Hommage à Blériot

1914, huile sur toile

Blériot a effectué la première traversée de la Manche en avion. On distingue à gauche une hélice, en haut à droite un biplan au-dessus de la Tour Eiffel. Dans tout le tableau, on retrouve des hélices en mouvement figurées par des cercles multicolores. Selon Delaunay, ils représentent la vitesse et l'énergie du monde moderne en transformation perpétuelle.

LA COULEUR DES SENTIMENTS

Delaunay exprimait ses sentiments grâce au jeu des couleurs. Choisis une photographie dans le journal. Reproduis-la en plusieurs exemplaires en noir et blanc. Essaie ensuite de les peindre avec des couleurs différentes, pour obtenir des atmosphères différentes.

Le titre suggère ce que l'on verrait en regardant la ville par la fenêtre. En fait, Delaunay est parti d'une carte postale de la Tour Eiffel vue de l'Arc de Triomphe. Après examen attentif, on distingue la silhouette de la tour, fondue dans la masse des couleurs. Delaunay nous laisse deviner des immeubles, plus qu'il ne les montre. C'est le règne de la lumière et des couleurs, qui nous donnent une impression de Paris, au lieu de sa réalité.

Étude de fenêtres sur la ville

1912, huile sur toile

ALBERT GLEIZES 1881 – 1953

« Le monde n'existe réellement que dans nos pensées »

Albert Gleizes est né à Paris. Dessinateur dans l'industrie, il est devenu peintre sous l'influence de Braque et de Picasso. Il a écrit également des textes sur le cubisme et a fait paraître *Du cubisme* avec son ami Metzinger, un livre qui explique la théorie sur laquelle s'appuyait le mouvement.

À son retour de la guerre, Gleizes a exposé ses œuvres aux États-Unis où il a admiré l'agitation des villes. Il s'est également rendu en Espagne et au Portugal. De retour à Paris, il est devenu peintre de fresques murales.

Paysage avec personnage

1911, huile sur toile

Un personnage en gris s'aventure dans un paysage aux formes anguleuses. Le chemin qu'il emprunte se perd vers la gauche dans le fond, mais le reste du tableau ne nous donne pas une impression de profondeur. Les arbres, les maisons et les nuages semblent sur le même plan. Gleizes n'utilise pas le système traditionnel de la perspective pour donner l'illusion du lointain. Après l'invention de la photographie, les artistes ne se sont plus attachés à donner l'illusion de la réalité. Ici, pas d'horizon pour séparer le ciel de la terre, ni de point de fuite où les figures semblent disparaître au loin.

L'ŒIL INTÉRIEUR

Les cubistes ne voulaient pas peindre l'apparence des choses, mais la manière dont l'esprit les voit. Essaie de dessiner de mémoire un lieu ou une personne. Mets en valeur ce dont tu te souviens le mieux.

Les Ponts de Paris

1912, huile sur toile

Comme beaucoup de paysages cubistes, ce tableau semble la reconstitution maladroite d'une image déchirée. Les ponts, qui se succèdent le long de la Seine, apparaissent ici par fragments disséminés dans le tableau. On peut reconnaître des arches métalliques parmi les immeubles et les rues, les nuages et les arbres. Il est difficile de dire si l'on regarde les ponts de la rive ou de la Seine.

Les Clowns

1917, huile sur toile

Dans ce tourbillon aux couleurs vives se distinguent les silhouettes de deux clowns. Les spirales et les cercles qui se coupent, évoquent les pirouettes et les sauts effectués par les clowns sur la piste du cirque. Gleizes crée un mouvement étourdissant autour du centre de la toile. Par contraste, le simple trait des jambes des clowns laisse penser qu'ils ne bougent pas encore, mais sont sur le point de s'élancer.

JEAN METZINGER 1883 – 1956

« Le seul cubiste au sens propre »

Jean Metzinger est né en France, à Nantes. Il se rendit à Paris pour peindre et fréquenta souvent l'atelier de Picasso. Il a présenté ses œuvres lors des expositions cubistes. Avec Gleizes, il fut le premier théoricien du mouvement en publiant *Du cubisme*. Il écrit aussi de nombreuses études sur l'art dans ses rapports avec la religion et la société dans des revues. Ses tableaux sont souvent composés de formes géométriques planes aux couleurs vives.

Dans ce tableau, Metzinger a peint la tête du chat à la fois de face et de profil, ce qui donne l'impression qu'il est en train de tourner la tête, sans doute pour jouer avec la pelote de laine près de sa patte arrière. Metzinger a schématisé la forme du corps du chat. Il a simplifié les couleurs et les textures pour aplanir l'image. Le trait en zigzag, qui surligne la partie arrière, suggère un mouvement rapide. L'ombre derrière la patte indique l'espace que cette dernière occupait précédemment.

Le Chat

1915, huile sur toile

Le Goûter

1911, huile sur carton

On reconnaît facilement une femme assise à table, tenant d'une main une cuillère et de l'autre une tasse. La tasse avec sa soucoupe est partagée en deux angles de vues différents. De même, le visage du personnage est peint de face et de profil. Son épaule droite semble fusionner avec le fond. En traitant ses sujets sous différents angles qu'il juxtapose, Metzinger nous fait tourner autour de ses personnages.

La Tricoteuse

1919, huile sur toile

DE FACE ET DE PROFIL

Metzinger peint ses personnages sous différents angles juxtaposés. Dessine d'abord d'une couleur un portrait de face. Puis, dessine par-dessus son profil d'une autre couleur. Tu peux ajouter son autre profil d'une troisième couleur.

Un personnage en train de tricoter est aisément reconnaissable. On distingue clairement ses mains et les aiguilles, même si elles sont rendues par des formes géométriques. Le visage ressort clairement, bien qu'il soit stylisé. Les difficultés commencent avec la délimitation du corps qui se confond avec la chaise et la table où repose la laine. Metzinger a conçu son tableau à partir d'un arrangement de formes planes. Les morceaux semblent découpés sur des clichés pris sous différents angles et assemblés ensuite.

ROGER DE LA FRESNAYE 1885 – 1925

« Chaque chose devient petit à petit un élément du tableau »

Roger de La Fresnaye, jeune peintre talentueux, rencontre des cubistes, vers 1910, et adopte leur style. La Fresnaye s'est servi de formes géométriques dans son travail, mais ses tableaux sont souvent plus figuratifs, et plus faciles à déchiffrer que ceux de la plupart des cubistes.

Le Cuirassier

1910 – 11, huile sur toile

La silhouette du soldat, dans une attitude dramatique, couvre presque toute cette toile aux dimensions impressionnantes. La puissance du combattant est soulignée par la maîtrise de son cheval dont il tient les rênes de la main droite. Le décor plus flou se fond dans des aplats gris, mais on distingue deux soldats fièrement campés dont l'un tient un drapeau.

La Conquête de l'air

1913, huile sur toile

DES GRANDS MOMENTS

La Fresnaye a choisi pour ses tableaux des thèmes héroïques, comme la conquête de l'air à son époque. Quel sujet innovant choisirais-tu de dessiner aujourd'hui ?

Ce tableau est un autoportrait du peintre en conversation avec son frère Henri. Peut-être parlent-ils de la conquête de l'air évoquée dans le titre. D'autres frères, les Mongolfier, ont été les premiers à s'élever dans les airs avec leur ballon en 1783 ; les frères Wright, en 1903, ont réussi le premier vol propulsé dans un appareil plus lourd que l'air. Henri était le directeur d'une usine d'aéroplanes. Ici, les deux frères semblent flotter entre ciel et terre, comme dans un rêve.

MARCEL DUCHAMP 1887 – 1968

« Nous peignons parce que nous voulons être libres »

Marcel Duchamp est né en France dans une famille dont quatre des six enfants sont devenus des artistes. Son frère aîné Gaston était aussi un peintre cubiste sous le pseudonyme de Jacques Villon (voir page 26). Marcel a d'abord travaillé comme bibliothécaire, puis comme illustrateur, avant de devenir peintre. Il s'est essayé à tous les styles, dont le cubisme, avant de se détourner définitivement de la peinture traditionnelle, en inventant l'art conceptuel. Duchamp a été l'un des plus grands révolutionnaires du monde de l'art.

Nu descendant un escalier n° 2

1912, huile sur toile

Cette toile est « une explosion dans une usine de planches », d'après un critique de New York. La multiplication des polygones n'avait jamais été poussée aussi loin. Duchamp s'est inspiré des photographies de Muybridge qui décomposaient le mouvement (voir page 6). Il a peint un personnage qui dévale un escalier, en montrant toutes les phases de son mouvement. Il est difficile de distinguer le personnage, mais la répétition des figures donne une impression de vitesse.

Joueurs d'échecs

1911, huile sur toile

Marcel Duchamp était un passionné des échecs. Voici deux personnages en pleine partie. On ne les distingue pas immédiatement. Leur mouvement a été découpé par l'emploi d'ocres et de bleu clair. Les visages semblent se rapprocher. Le joueur de droite repose le bras sur la table et appuie le menton dans sa main. L'autre tient un pion dans la main. Entre leurs visages, on aperçoit d'autres pièces du jeu. Les deux joueurs semblent préparer leur tactique.

SUIS LE MOUVEMENT

Recrée un mouvement à la manière de Duchamp. Prends une série de photos d'un personnage qui se déplace. Étale les photos dans l'ordre. Découpe les silhouettes du personnage et positionne-les, les unes à côtés des autres, puis dessine ton montage.

JACQUES VILLON 1875 – 1963

« Je suis un cubiste impressionniste »

Comme son frère Marcel Duchamp, Jacques Villon fut illustrateur avant de se tourner vers la peinture. Intellectuel féru de mathématiques, il les considérait comme la base du cubisme. Villon est l'initiateur du groupe, appelé la Section d'Or, qui réunissait dans son atelier des artistes comme Léger, Delaunay, Duchamp, Gris et Gleizes, ainsi que Metzinger.

Jeune femme

1912, huile sur toile

C'est encore la signature de l'artiste qu'on distingue le mieux dans ce tableau. Tous les autres éléments semblent se désintégrer. Le titre nous signalant qu'il s'agit d'une jeune femme, nous pouvons essayer de deviner la silhouette du personnage. Même l'espace qui entoure la jeune femme se fragmente en figures géométriques. Ce tableau produit un effet étourdissant !

Une femme
1913, huile sur toile

UN AUTRE VISAGE
Ces deux portraits sont très différents ! Choisis une personne dont tu chercheras plusieurs images. Essaie de modifier ces portraits en les découpant ou en les coloriant.

Contrairement au tableau précédent, on voit clairement qu'il s'agit d'un portrait. Le visage possède des traits bien définis ; on distingue le dossier de la chaise. Mais cette toile est cubiste par la priorité donnée aux figures géométriques. Des losanges couvrent les cheveux et les habits de la femme.
Le visage baigne dans une lumière verte et le corps semble plat et informe. Villon a atteint un certain équilibre dans l'opposition des formes et des couleurs.

D'AUTRES CUBISTES

Le cubisme a attiré des artistes de nombreux pays. Souvent, ce mouvement a pris un nom différent : le futurisme en Italie, le constructivisme en Russie. Voici quelques exemples de l'influence du style cubiste.

GINO SEVERINI

Danseuse bleue

1912, huile sur toile

Severini était un futuriste italien. Fasciné par la vitesse du monde moderne, il a peint cette danseuse en robe bleue avec énergie et vivacité. La fragmentation et la répétition donnent l'illusion du rythme et du mouvement.

NATALIA GONTCHAROVA

Le Cycliste

1913, huile sur toile

Ce cycliste peint par une artiste russe paraît transparent. Il se confond avec les mots des panneaux et les pavés de la route, comme s'il passait en trombe.

UMBERTO BOCCIONI

Formes uniques dans la continuité de l'espace

1911, bronze

L'Italien Boccioni était peintre et sculpteur. Il a montré que le cubisme pouvait se traduire dans les trois dimensions : cette sculpture ressemble à un robot moderne et métallique.

KASIMIR MALEVICH

L'Aviateur

1914, huile sur toile

Le peintre russe nous montre un aviateur au corps tubulaire et métallique qui rappelle le style de Léger. Autour du personnage se trouvent des cubes et des fragments d'objets : cheminées, scies. La carte à jouer à la main du personnage et les lettres assemblées au hasard sur le fond ajoutent une impression de mystère au tableau.

GLOSSAIRE

abstrait (art) : art non figuratif qui ne cherche pas à montrer la réalité.

aplat : surface de couleur uniforme dans une peinture ou une impression.

Arlequin : personnage du théâtre comique et populaire italien. On le reconnaît à son costume formé de losanges de toutes les couleurs. Ce sont ces losanges qui ont fait le succès d'Arlequin dans la peinture cubiste.

autoportrait : tableau où l'artiste s'est peint lui-même.

beaux-arts : ensemble des disciplines artistiques.

collage : objets ou images pris tels quels et collés sur un support.

composition : manière dont les éléments sont disposés les uns par rapport aux autres dans une œuvre.

constructivisme : mouvement artistique de Russie qui a subi l'influence du cubisme et s'est intéressé aux figures géométriques. Les œuvres constructivistes vont vers l'abstraction.

fragmenté : brisé en morceaux dispersés dont certains peuvent manquer.

futurisme : mouvement artistique d'Italie qui a subi l'influence du cubisme. Comme les cubistes, les futuristes étaient intéressés par le monde de la vitesse, de la technique et des villes.

mouvement : groupe d'artistes de même tendance, à une époque précise, avec des techniques et des styles communs.

nature morte : genre traditionnel en peinture où le tableau montre une composition d'objets.

orphique (cubisme-) : terme inventé par le poète Apollinaire, en référence à Orphée, un personnage de la mythologie grecque qui était si bon musicien qu'il charmait tout le monde, même les montagnes.

patchwork : ouvrage fait de morceaux de tissu de couleurs différentes, cousus les uns aux autres.

peinture à l'huile : peinture épaisse dont le liant est fait d'huile et utilisé traditionnellement par des artistes.

perspective : système traditionnel de représentation de la profondeur dans une image.

rétrospective : une exposition rétrospective essaie de faire le bilan de la production d'un artiste, en général à la fin de sa vie, en montrant ses œuvres les plus importantes.

Section d'Or : nom d'un groupe d'artistes réunis par Jacques Villon ; c'est aussi le nom de la revue qu'ils ont éditée et de l'exposition de leurs œuvres en 1912.

toile : tissu épais tendu sur un cadre et sur lequel peignent les artistes.

tronconique : en forme de tronc de cône.

tubulaire : qui a la forme d'un tube.

QUELQUES DATES

1895 Les frères Lumière organisent la première séance de cinéma.

1903 Les frères Wright réalisent le premier vol aux États-Unis.

1906 Mort de Paul Cézanne.

1907 La rétrospective de l'œuvre peinte de Cézanne marque de nombreux artistes. Picasso entame l'étude des masques africains, puis peint *Les Demoiselles d'Avignon.*

1908 Le critique d'art Louis Vauxelles invente le mot cubisme pour décrire les paysages de Georges Braque.

1909 Louis Blériot est le premier homme à traverser la Manche en avion.

1912 La *Section d'Or* est créée ; elle rassemble Gleizes, Gris, La Fresnaye, Léger, Metzinger et Villon. La première exposition cubiste, suivie du livre *Du Cubisme* de Gleizes et Metzinger, connaît le succès dans toute l'Europe.

1914 La Première Guerre mondiale éclate. Braque, Léger, Gleizes, La Fresnaye et Metzinger sont mobilisés. C'est un tournant pour le mouvement cubiste.

1918 Fin de la Première Guerre mondiale.

Plus d'informations

Les musées

Les tableaux des cubistes sont dispersés dans de nombreux musées et galeries à travers le monde. Les collections les plus importantes se trouvent aux États-Unis, au *Museum of Modern Art,* à New York, et au *Museum of Art,* à Philadelphie.

À Paris, où est né le cubisme ; le *Musée Picasso* est consacré à cet artiste révolutionnaire. D'autres œuvres de peintres cubistes sont à découvrir :
au *musée Dali*, à Figueras, en Espagne ;
à la *Tate Gallery, à Londres*, en Angleterre.

Quelques livres

Les Années cubistes, Exposition de Villeneuve d'Ascq, Réunion des musées nationaux, 1999.
Cubisme, J.-L. Chalumeau, Cercle d'art, 1996.
Le Cubisme, P. Cabanne, PUF, 1991.
La Révolution cubiste, S. Fouchereau, Denoël, 1982.
Albert Gleizes, P. Alibert, Dumas, 1982.

759.061
BOL

Bolton, Linda
Le Cubisme

DISCARDED

[redacted]